明日死ぬとしたら、
生き方が変わるんですか？
あなたの今の生き方は、どれくらい
生きるつもりの生き方なんですか？

P1 出典『終末のフール』集英社　伊坂幸太郎

あした死んでも後悔しないためのノート Special

WORKBOOK TO BE REBORN

by KOTARO HISUI

ひすいこたろう

Discover

間違わないで生きることは、ほんとうに正しいこと？

人生は60点でいいから、もっと遊ぼう。

人生をもう一度最初からやり直せるとしたら、
どう生きたいですか？

この本の最初に、
85歳のアメリカのおばあちゃん、ナディーン・ステアさんの詩
『もしも人生をやり直せるなら』の一部を、
ひすい訳で紹介します。

人生をもう一度やり直せるなら
今度はもっとたくさん失敗したい。
もっと肩の力を抜いて
もっとリラックスして
もっとバカなことをいっぱいして
今回の旅より、 もっと面白く生きる。

深刻になりすぎるのもやめだ。
もっと冒険する。
もっと山に登って
もっと川で泳ぐ。
もっとアイスクリームを食べて
豆類は減らす。
それで問題は増えるかもしれない。
でも、頭でゴチャゴチャ考えなくて済む。

私は85歳まで、
毎日、周りの目を気にして
間違わないように生きてきた。
もちろんバカなことも少しはやった。
でも、もし生まれ変わることがあったら、
もっとバカげたことをやりたい!
何年も先のことを考えるのではなく、
いま、この瞬間に生きたい。

ステアおばあちゃんが85歳のときの心境です。

そう、間違わないで生きることは、ほんとうに正しいこと?
人生は60点でいいから、
もっと遊ぼう、もっと楽しもう。
人生は遊ぶためにある!
ってことなんです。

実際、アメリカで行われた「90年の人生を振り返って、後悔していることは何ですか?」というアンケートで、
なんと90%の人が次のように答えたそうです。

「もっと冒険すればよかった」

つまり、このままの生き方をつづけたら、残念ながら9割の確率で、
人生最後の日に「死にたくない、死にたくない」と
人生を後悔することになる、ということです。
「もっと自分らしく生きればよかった」
「もっとゆったり働けばよかった」
「もっと大切な人と時間を過ごせばよかった」
と、後悔することになるのです。

でも、でも、でも、でも、

あなたはまだ間に合う!

もし、あなたがいま、30歳であるなら、
ステアおばあちゃんはきっとあなたにこう言うでしょう。

「大丈夫、まだ50年ある。
今日から生まれ変わったつもりで生きてみて」

50歳の人には、こう言うことでしょう。

「大丈夫。まだ30年もあるよ。
カーネル・サンダースがケンタッキーを創業したのは
65歳のときだから、ぜったいに大丈夫！」

70歳の人には、こう言うでしょう。

「10年あれば人生を変えられるわよ。
やりたいことをやるには十分、おつりがくるわよ」

死はあなたに突きつけます。

「このまま死んだように生きていいの？」

死はあなたに突きつけます。

「君の一番大切にしたいことは何？
なぜそれをやらないの？」

死はあなたに突きつけます。

「あの人をゆるさないまま死んでいいの?」

「あの人に『ありがとう』と伝えないまま
死んでいいの?」

「自分だけよければいいの?」

死はあなたに「生きる覚悟」を迫ります。

「どう死ぬか」とは、
「どう生きるか」ということ。

死に方をデザインした途端に
生き方がデザインされるわけです。

ここで改めて「究極の不幸」とは何か、考えてみてほしい。
お金や家やモノを失うことは、ほんとうの不幸ではないんです。

だって、あの世には、お金も家も服も持っていけないし、
もともと僕らは何も持たず、パンツもはかずに生まれた身ですから。

では、死こそが、究極の不幸でしょうか?
これも疑問が出てきます。
たとえば縄文時代には、30歳ぐらいで亡くなる人も多かったそうです。

早く亡くなることが不幸だとしたら、1万年も平和がつづいたとされる
縄文時代に生きていた人たちはみんな、不幸だったことになります。

さらにいえば蛍の寿命は成虫になってから3日から10日ほどです。
蛍はみんな不幸なんでしょうか？

この世の究極の不幸とは、
死が間近に迫ったときに、
自分の人生に後悔することです。

しかし、それを避ける方法がたったひとつだけあります。

いま、この場で一度、
しっかり自分の死を想像してみればいいんです。

誰の人生にも100%おとずれる
自分が死ぬ日を……。

自分がこの肉体を離れる日から目をそらさずに、
一度しっかり想像して向き合ってみる。
すると、あなたは自分の「本心」に
気づくことができます。

本心。
ほんとうは、どうしたいのか。

「本心」を生きることなくして、
後悔のない人生を歩むことはできないのです。

「人生最後の日に、どんな気持ちになっていたら最高ですか?」
「このままの生き方で、それは達成できそうですか?」
「できないとしたら、いつから生き方を改めますか?」

どうですか?
このノートでは、君の人生を冒険に誘う、
自分の本心と出会うための38の質問をプレゼントします。

人生は、どんな質問を自分に投げかけるかで決まります。

「あした死ぬかもよ。じゃあ、どう生きたい?」

というのがこのノートです。

ではこれから、君の人生を冒険の旅にシフトさせるために、
いったん、死んでもらいます。
「死」は「生」を最も輝かせるスイッチになるのです。

ひすいこたろう

もくじ

後悔なく生きるための8つのしつもん

ドリーム（夢）を生きるための9つのしつもん

これからの人生を愛で生きるための11のしつもん

本心で
生きるための
10のしつもん

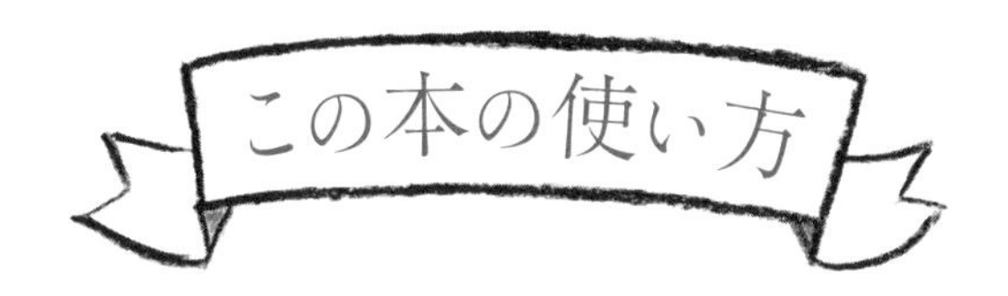

「いちばん偉大な教師は外にいる者ではなく、
あなたがたの心の声である」
by ニール・ドナルド・ウォルシュ

この本は、僕の『あした死ぬかもよ?』という本のエッセンスである
人生最後の日に笑って死ねるための「質問」に特化した、
究極のノートです。
ガンガンここに書き込みながら、
自分と向き合ってください。

もちろん、『あした死ぬかもよ?』を読まなくても
書き進められるようになっていますが、
合わせて読んでいただければ、
より深く心に落とすことができるでしょう。
また『あした死ぬかもよ?』にはなかった質問やエピソードも
新たに盛り込んでいますので、既に読んだ人も
新鮮に楽しんでもらえることと思います。

書くこと（言語化すること）は、頭の中を整理整頓することです。
人は部屋の掃除はするのに、
頭の中の整理整頓はまったく手つかずです。
言葉にすれば、自分の心を整理整頓できるのです。
書くことで、自分の人生の「りんかく」（幸せのかたち）がハッキリしてきます。

糸井重里さんはこう言っています。
「自分にとって、本当に大事なことってなんだろう。
自分にとって、本当に大切な人って誰だろう。
このふたつを、本気で思っているだけで、
いい人生が送れるような気がする」

でも、ほんとうに大切なことが整理されていないから、
時がなんとなく過ぎていってしまう。

このノートは、
誰のもとにも100%やってくる「死」を題材に、
あなたの大切にしたいことを言語化し、明確にしていくノートです。

明確にしたら、どうなるか?

「いちばん大事なことに
いちばん大事ないのちをかけてゆくことだ」
by 相田みつを

そう。一番大事なものがわかってこそ、
そこに命をかけることができるのです。

先日僕の友人が、富士山に登りました。
ふつうは五合目まで車で行って、
そこから歩いて登るのですが、友人は違いました。
どうせなら富士山が見えないところから登ろうと、
なんと九州の鹿児島県から歩いて富士山に向かったのです。

見えなさすぎです!!!(笑)

でも、ゆっくり歩いても2ヵ月かからずに、
富士山のてっぺんに着いたそうです。
行きたい場所がわかっていれば、
鹿児島から富士山にだって歩いて行けちゃうってこと。

では人生において、
あなたの行きたい先はどこなのでしょうか?
あなたにとって、ほんとうに大事なことって何でしょうか?
それが見えていたら、
そこに向かって歩いていけばたどり着けます。

あなたの夢や使命、
そして本心を、これから整理整頓していきましょう。

「紙」に向かう。
それは、自分の心の中の
「神」（本心）に向かう時間です。

Reborn!

新たに生まれ変わる、
そんな贅沢な時間になることでしょう。
そう、今日は生まれ変わるのに、ふさわしい日です。

僕の友人は、これから始まる質問の数々を、
旅先で恋人と一緒に書き合ったと言っていました。
そんなふうに使ってもらえるのもうれしいですね。

あなたの好きな場所へ旅に出て
そこで書き込むことをおすすめします。
もちろん、家の一番好きな場所だって、旅先の1つです。
では、旅へ出よう。
このノートをカバンに入れて。

（毎月1回、仲間と集まってこの本のワークを一緒にやるのも、
すごく楽しいです。オンラインでつながってやるのもよし。
仲間と一緒にやると、夢に向かうスピードは一気に加速します）

後悔なく生きるための8つのしつもん

LIVE

たった一人しかない自分を
たった一度しかない一生を
ほんとうに生かさなかったら
人間生まれてきたかいが
ないじゃないか。

by 山本有三

出典『路傍の石』(新潮文庫)

いま死んだら、何に泣きたいほど後悔するだろう？

これからの質問に、よりリアルに答えていただくためにも、
まずは、あなたに死んでいただきましょう。

リラックスして床に横になって、
自分の体がこれから死んでいく……と感じてみてください。
次第に意識が遠のき、体が重たくなっていきます。
体が重く、重く、重くなっていく。

「自分は死んでいく。死んでいく。死んでいく」
と想像してみてください。

もう、手は床に貼りついたように重く動かない。
足も重く、まったく動きません。

ひたすら、全身の細胞で
「自分は死んでいく」
と想像してみてださい。
あなたは死んでいく、
死んでいく、
死んでいく……。

そしていまこそ、死の瞬間だと思ったところで、
意識だけパッと体から抜け出して、
真上から自分の体を眺めてみてください。

いま、真下に見えているのは、死んだあなたの体です。

はい。
あなたは、
たったいま
死にました。

あなたはいま、死んだ自分を見つめています。
あなたの一生は、どんな人生だったでしょうか？

1 いま死んだら、あなたは何に泣きたいほど後悔するでしょう？

2 その後悔をしないために、何ができるでしょうか？
後悔しないために、いまからできることを3つ書き出してください。
いまできることは、どんな小さなことでもいいです。

1

2

3

あと何回
桜を見られるだろう？

古代ローマでは、戦争に勝ち、凱旋した将軍が、みんなに拍手喝采で迎えられるとき、従者に、必ずある言葉をささやかせました。
それは、〝メメント・モリ〟
「死を忘れるな」という意味です。
かつて日本のサムライたちがあれだけ潔く、かっこよく生きられたのも、いつか死ぬ身であることを忘れなかったからです。

いまのあなたの年齢は、　　　　　　　　　歳

人生90年として、1年を1回としてカウント。
いま30歳なら桜を見られるのは90－30＝60回。
地球が太陽の周りを60周する間に、あなたは死んでしまうのです。この事実から目を背けてはいけない。

（あなたの年齢）

90－　　　　＝　　　　回！

やってみよー

では、次の質問にも向き合ってみてください。もちろん、正確な答えは出せないでしょうから、想像してみるだけでOK。
「一期一会」の気持ちが湧き上がることでしょう。

死ぬまであと何回、
大好きなあの人とごはんが食べられるでしょう？

死ぬまであと何回、
大好きな人の名前を呼べるでしょう？

死ぬまであと何回、
あの人とケンカできるでしょう？

人生最後の日に食べたいものは何ですか？

友人のてんつくマンが、鹿児島のあるお寺に行ったとき、
住職さんにこう言われたそうです。

「あなたにお茶を注がせていただくのはきっと最後。
だから、心を込めていれさせていただきます。
よろしければ、今回の人生でお茶を飲むのは最後だと思って
飲んでください」

そう言われて、お茶の飲み方が変わったと言います。
香りを楽しみ、色の美しさに感動し、しっかり味を噛み締めながら飲んだ。
すると、お茶を一口飲むだけで、
幸せがゆっくり体の中に広がっていく感じがした。
人生で一番おいしいお茶になったそう。

彼は言います。

「子どもと一緒にいられるのは今日が最後かもしれない。
旦那さんが会社に行くとき、
『いってらっしゃい』と言えるのは今日が最後かもしれない。
この食事が最後かもしれない。
今日という1日が最後かもしれない……。
僕らは、きっと明日もあると思っているし、
来年も生きていると思っている。
20年、30年、40年、生きていると思っている。
それが当たり前だと思っている。
当たり前と思ったとき、人は感謝を放棄する。
ほんとうにそれは当たり前なんやろうか？
奥さんがご飯を作ってくれる、お母さんがご飯や弁当を作って
くれる。それを当たり前と決めつけたのは
誰なんやろうか？」

今日が人生最後の日だとしたら
あなたは何を食べたいですか？
思いつくままに、たくさん書き出してみよう。

誰と一緒にそれを食べたいですか？
その人を誘って一緒に食べにいこう。

そのときは、左のページで書いたことを相手にも読んでもらって、一緒に「これが最後の食事だ」と思ってゆっくり味わいながら食べてみてね。名付けて、「最後のごはんゲーム」。
ほんとうは、好きな人と一緒にゆっくりご飯を味わうだけで、そこに「至福」があるんですよね。

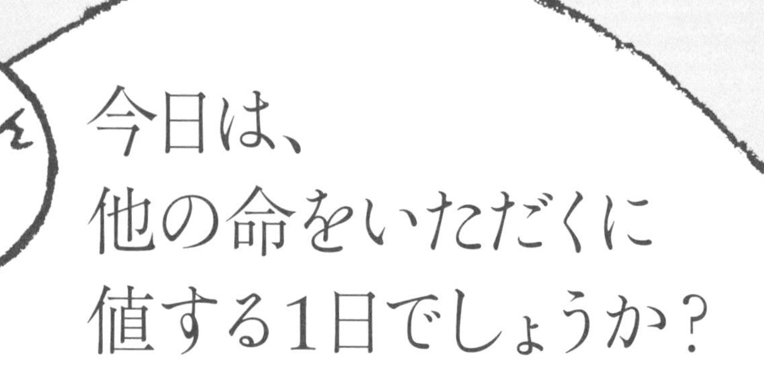

4 今日は、他の命をいただくに値する1日でしょうか？

いま、目の前にあるサンマは、あなたのために命を差し出してくれて火に焼かれました。
いま、目の前にある肉じゃがは、あなたのために命を差し出してくれたジャガイモ、ニンジン、牛さんたちです。

「いただきます」とは、「命をいただきます」ということ。
いままでいただいた命はすべてあなたの一部になっている。
あなたは、たくさんの命を背負ったみんなの代表なのです。

禅において、食事の前に唱えられる「五観の偈（ごかんのげ）」という偈文（げぶん）があります。 その中に、「己（おのれ）が徳行の全欠（ぜんけつ）をはかって供（く）に応ず」という言葉があります。
つまり、食べる前に、「他の命をいただくに値する自分なのか。食べるに値する1日なのか？」と食事のたびに自分に問うのです。
「食べる」とは命と向き合う行為。
「食べ方」とは「生き方」なんです。

昨日今日と、あなたが食べたものを、
思いつく限り、細かくここに書き出してみよう。

生まれてから今日まで、あなたの命の一部になってくれた多くの動植物のためにも、今日という1日をムダにできないと思いませんか？

いつもと5

1つだけ何かをやめるとしたら何をやめますか？

この質問を見て、パッと頭に浮かんだものは何でしょう？
浮かんだ答えを信じて、それを手放すのです。

「いまの彼氏」と、パッと頭に浮かんだ人。
「でも、別れたら寂しくなるし」とか頭で考え出すと、
動けなくなりますから、あくまで直感を信じて、
勇気を出して手放してみてはどうでしょう？
新しくてキラキラしたものがあなたのもとにきたがっているのに、
僕らの両手は古いものでいっぱいなんです。
何かを手放すと、スペースがあきます。
するとそこに、予期せぬ新しい風が入ってくる。
新しいことを始める前には、何か1つ手放す。

いままでと同じことをしていたのでは、
これまでと同じ人生がつづくだけ。
新しいことを始める前には、
古いものを1つ手放す必要があるんです。

何かをやめるとしたら、何をやめる？

この質問を見て、パッと頭に浮かんだものを、
3つ書き出してみよう。直感を信じて、それらを手放してみよう。

1

2

3

スペースをあけると、そのスペースに、
あなたにいま一番
必要なものが飛び込んできてくれます。
スペースをあけて待つ。
これが未来の兆しを呼び込み、天と呼応して生きる
スペース・プレイヤーの生き方です。

いつもと 6

どんなことに「すべき」「してはいけない」と制限をかけている？

人は大人になるにつれて、
「間違ってはいけない」「恥をかいてはいけない」
「みんなと仲良くすべき」「まじめであるべき」などと、
たくさんの「すべき」と「～してはいけない」で自分をしばり、
自分で自分の力を制限するようになります。
だから、毎日疲れるんです。
ネガティブな感情の背後には
「勝手にそう思い込んだ制限」がひそんでいますので、
「それ、ほんとう？」って一度疑ってみてください。

たとえば、「失敗してはいけない」という思い込みに対して、
「それ、ほんとう？」って。
実は、うまくいっている人ほど
過去にたくさん失敗しているものです。

「みんなと仲良くしなくてはいけない」「それ、ほんとう？」。
嫌いな人がひとりでもいたら、もう価値がないのでしょうか。
思い込みを疑い、１つひとつ手放していこう。

あなたを自由に生きることから遠ざけている、
「すべき」「〜してはいけない」と
思っていることを書き出してみよう。
書き出したら、「それ、ほんとう？」と
疑ってみてください。

それ、ほんとうにほんとう？
「〜すべき」を外すたびに、
心はふわふわと軽やかになっていきます。

やってみよー

次の14個の言葉を声に出して読んだとき、何か心にひっかかるものがあれば、無意識に自分に、その逆の制限をかけている可能性があります。ひっかかったものを◯でかこみ、今日から3週間、その一文を寝る前に自分に伝えてあげよう。

＊人と違ったっていいんだよ。
＊恥をかいて人に笑われてもいいんだよ。
＊もっと自分に素直に、ありのままに生きていいんだよ。
＊すべての人と仲良くできなくたっていいんだよ。
＊大好きな人に「大好き」って伝えてもいいんだよ。
＊自分の意見を主張してもいいんだよ。
＊弱い自分を見せたっていいんだよ。
＊嫌なことは断ってもいいんだよ。
＊人に助けを求めたっていいんだよ。
＊もっと豊かになってもいいんだよ。
＊楽しいことを優先したっていいんだよ。
＊幸せになってもいいんだよ。
＊生きたいように生きていいんだよ。
＊遠慮せず、もっとすごい自分になってもいいんだよ。
（声に出してもう一度自分に優しく伝えてあげてください）

出典 ブログ「癒されながら夢が叶う『優しい生き方』の心理学」
矢野惣一

いま抱えている悩みは、たとえ人生最後の日であっても、深刻ですか？

「悩み」とは、一言でいうと、「考えすぎている状態」です。
考えて答えが出るようであれば、もう悩んでいないはずですよね？
まだ悩んでいるということは、
その悩みは、考えても答えが出ないということ。
だから、もうそのことで悩むのはやめませんか？
この場で、「もう悩むのはやめる」って決めてみてください。
それでも悩むなら、おそらくあなたは悩むのが趣味なのです。
嫌々悩んでいるのではなくて、好きで悩んでいる。
そう思ったほうが気がラクになります（笑）

また、悩んでいるときは、
「今日が人生最後」って声に出してみましょう。
未来の不安なんかバカバカしくなって、
「クソくらえ」となりますから。
そうならなかったら、
「私は悩むのが趣味だ」ってことで（笑）
では、あなたの悩みをこれから整理整頓してみましょう。

1年前、何に悩んでいたか、
書けるだけ書いてみてください。

どうですか？　すらすらたくさん書けました？（笑）
おそらく、そんなに書けなかったはず。つまり、僕らは１年後には思い出すことすらできないことに、日々たくさん悩んでいるってことです。もっと気楽に生きていいんです！

1 今度は、いま抱えている悩みを書き出してみよう。

2 1年後、ここで書いたいまの悩みのおかげで、「こんなことに気づけた」「成長できた」と感謝しているあなたがいるとします。いまの悩みは、どんな学びや気づきをもたらしてくれるか、書き出してみましょう。

3 1 年後の日付を書き出そう。

年　　月　　日

1 年後、あなたは上に書いたことで悩んでいたことさえ、思い出せないはずです。

いつもん
8

これだけは失いたくないものベスト10は？

1

2

3

4

5

いま、あなたが大切に思っている人やモノなど、
これだけは失いたくないものベスト10を書き出してみよう。
家族、友だち、仕事など、その失いたくない理由も書いてみよう。

6

7

8

9

10

全部書き出すまでこのページをめくらないでね。

しかし、あなたはそのすべてを失います。

あなたが死ぬ日に、これらをすべて失います。
私たちは、得たものを、すべて手放す日が来ます。
そう考えると、何かを得ることが人生ではないことがわかります。
天の迎えが来るまで、思い切り生きること。
それが人生です。

やってみよー

「これだけは失いたくないもの ベスト10」のすべてを
失ったことを想像してみてください。
想像した人だけ、次をお読みください。

このすべてを失ったとしたら……。

悲しみや痛みを感じたと思いますが、
同時に、そのかけがえのないものが、いま目の前にあり、
存在することがありがたく、愛おしく、
大切にしようと思えたのではないでしょうか。
大切な人こそ身近にいる。
私たちは、大切なものに、いますでに囲まれているのです。
幸せは、なるものではなく、気づくものなんです。

「人間が不幸なのは、
自分が幸福であることを知らないからだ。
ただそれだけの理由なのだ」
byドストエフスキー

ドリーム（夢）を生きるための9つのしつもん

DREAM

夢しか実現しない。

by 福島正伸

出典『僕の人生を変えた29通の手紙』福島正伸（日本実業出版社）

8兆円持っていたら何に使う？

豊かな心の状態になる最短コースをズバリお伝えしましょう。
「自分は8兆円持っている」と思って過ごすことです。
財布に3000円しかなくてもね（笑）
豊かな気持ちが豊かさを生み出す秘訣なんです。
まずは、“その気”になるのが大事なんです。
“やる気”の前に“その気”。
ソフトバンクの孫正義さんは、何かプロジェクトを始める前に、成功したあとのイメージを頭に描き、最初に大喜びしちゃうそうです。「やったーーー成功した！」って。
先に心を喜びで満たす。すると、起きる現実も、喜びの現実となります。
これが引き寄せの秘訣です。
だから、もう、8兆円持っているつもりで、
ケンタッキーのチキンフィレサンドだって豊かに味わおう（笑）

出典『プレジデント』2011年3.7号
「孫正義の白熱教室」より（プレジデント社）

まずは想像してみましょう。
8兆円持っていたら何に使う？
どんなライフスタイルで過ごしてる？
どんなものが部屋に置いてある？
どんな服を着ている？　休日は何してる？
もう8兆円持っているつもりで、鼻歌を歌いながら、
優雅に書き出してみよう。

その中で、いますぐムリなくできることを、
日常に取り入れるのが秘訣。

参考文献「空」Mana（三楽舎プロダクション）

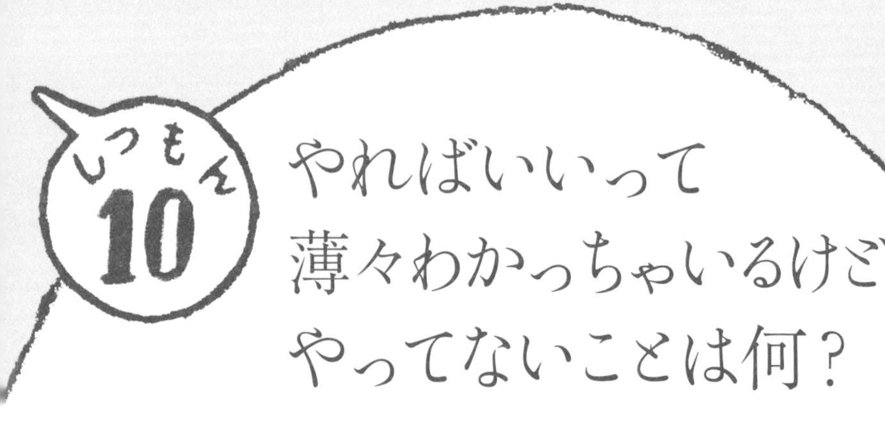

やればいいって薄々わかっちゃいるけどやってないことは何？

人は、やればいいことを、実は薄々わかっているのです。

「それ、やんなよ」

それだけの話なんです。

Ａの扉を開かないとＢの扉は現れません。

そしてＢの扉を開かないとＣの扉は現れない。

やればいいことをやってないから、次の扉が現れないんです。

人生はドミノ倒し。１つひとつ倒していくのです。

１つ飛びには倒せないんですね。

「英語を習ったほうがいいのにな」と薄々感じている君は、

まず英語を習いに行こうか。すると、そこで出会いがあったりして、次の扉につながっていくのです。

さあ、君がやればいいと薄々思っているのに
やれていないことって何だろう？
浮かんだことを全部書き出そう。
それをやった途端に新しい扉が開きます。

「来世のために予習しておいてください」と言われたら何を始める?

僕はそう聞かれたら、「音楽」と答えるでしょうね。
本を書くのは素晴らしい職業で、それをやれているいまの環境には感謝しかない。でも、このように問われたら、僕は、来世はミュージシャンになってみたい。
作家は最高の仕事だと思っているけれど、1つ欠点があるんです。ミュージシャンはライブで、ファンの大歓声の中で最高の1曲を披露できます。でも、作家が最高に輝いているとき、それは深夜にひとり、猫背で机に向かっているときなのです!
最高にかっこいい場面が、史上最高に地味なのが作家という仕事です(笑)
というわけで、ひすいこたろう、来世は人気ミュージシャン希望! 「来世のための予習」と言われたら、まずはウクレレを買おうっと!
アンパンマンの作者やなせたかしさんは、84歳で歌手デビューしていますから、来世の予習が今世に間に合った例です。
実は、来世の予習は、今世で間に合うのが「人生」なんだ。

さあ、「来世の予習」と言われたら
何を始める？
思うまま書き出してみて！

いつもと 12

神様が現れて、「このノートに書いたことはすべて叶う」と言われたら何を書く？

「パートナーと一緒に北海道の洞爺湖畔でカフェのマスターをしている」
「作家になって、○○というタイトルの本を書いて、○○なライフスタイルで日々を過ごしている」
「○○な相手と結婚し、○○に住んでいる」
などなど、何でもいいので、未来に「こうなっていたら、うれしい」という、思わず顔がニヤけちゃいそうな状況を、できるだけ具体的に書き記してください。
どんなにささいなことでもいいんです！
ここに書いたことがすべて叶うとしたら……と思って、ニヤニヤ、ワクワクたくさん書き出そう。

「こうなっていたら最高にうれしい」という状況を
思いつくままに、できるだけ具体的に、
10分間ペンを止めずに
一気に全部書きつづってください。

※書き終えるまで絶対にこのページをめくらないでね。

前ページで書いたことが、
ひとつしか叶わないとしたら、どれを選びますか？
前ページに◯で囲んでください。
また、なぜこの夢を選んだのでしょうか？
その理由と目的を書いてみましょう。

理由

目的

この答えにより、あなたが人生において何を大切にしたいかがあぶり出されます。

叶ってほしい夢をひとつだけ選びましたが、
追加で2つ選ぶとしたらどれでしょう？
P.53に書き込んだ夢の中から、◯で囲んでみてください。
さあ、これで夢を合計3つにしぼったことになりますが、
それら3つをラクラク叶えることができる人は、
どんな人でしょう？　次の質問にそって考えてみよう！

1 友だちに例えるなら？　有名人に例えるなら？

2 何を大切に生きている人でしょう？

3 また、どんな口癖、習慣を持っているんでしょう？

4 想像した人物像を書き出してみよう

5 上の1～4のような人になるために、あなたがいまからムリなくできることは何ですか？

「こうありたいと思った自分は、すべて自分の範囲だからな」
by きつかわゆきお

実は、夢を叶えることは手段にすぎません。
ほんとうの目的は、夢に向かう中で、
どんなあなたになれるのか、
それこそがほんとうの人生の目的です。
あなたの存在こそが一番の煌めき。
夢はあなたを輝かせるための手段にすぎない。
あなたの存在こそ最高の宇宙芸術です。

出典 HP「深呼吸する言葉」きつかわゆきお

「いつかやる」、あなたの「いつか」はいつですか？

友人の作家・森沢明夫さんは、
たくさんの一流の人物を取材する中で、
彼らに共通する「成功の方程式」を見出したといいます。
「A」（いまの環境）＋「B」（起きる出来事）＝「X」（自分が何をするか）。これが普通の人です。
ところが一流の人は、
「なりたい自分」－「A」（いまの環境）＝「X」（自分が何をするか）。
一流の人は、現状がこうだから何しようか、じゃない。
「なりたい自分」を先に決めて、じゃあそうなるために何をするか逆算していく。なりたい自分ありきの逆回転思考なんです。
あとはそこに向かって行動していくだけ。
ここでは、行動していくための目安として、
夢に締切日を設けましょう。
「あらゆる仕事は締切直前に終わる」
そんな言葉がありますが、
逆をいえば、締切日を設けることで、夢を現実にできるのです。

しつもん12 のP.53で書いたあなたの夢を7つここに書き出して、それぞれの夢の締切日を決めましょう。

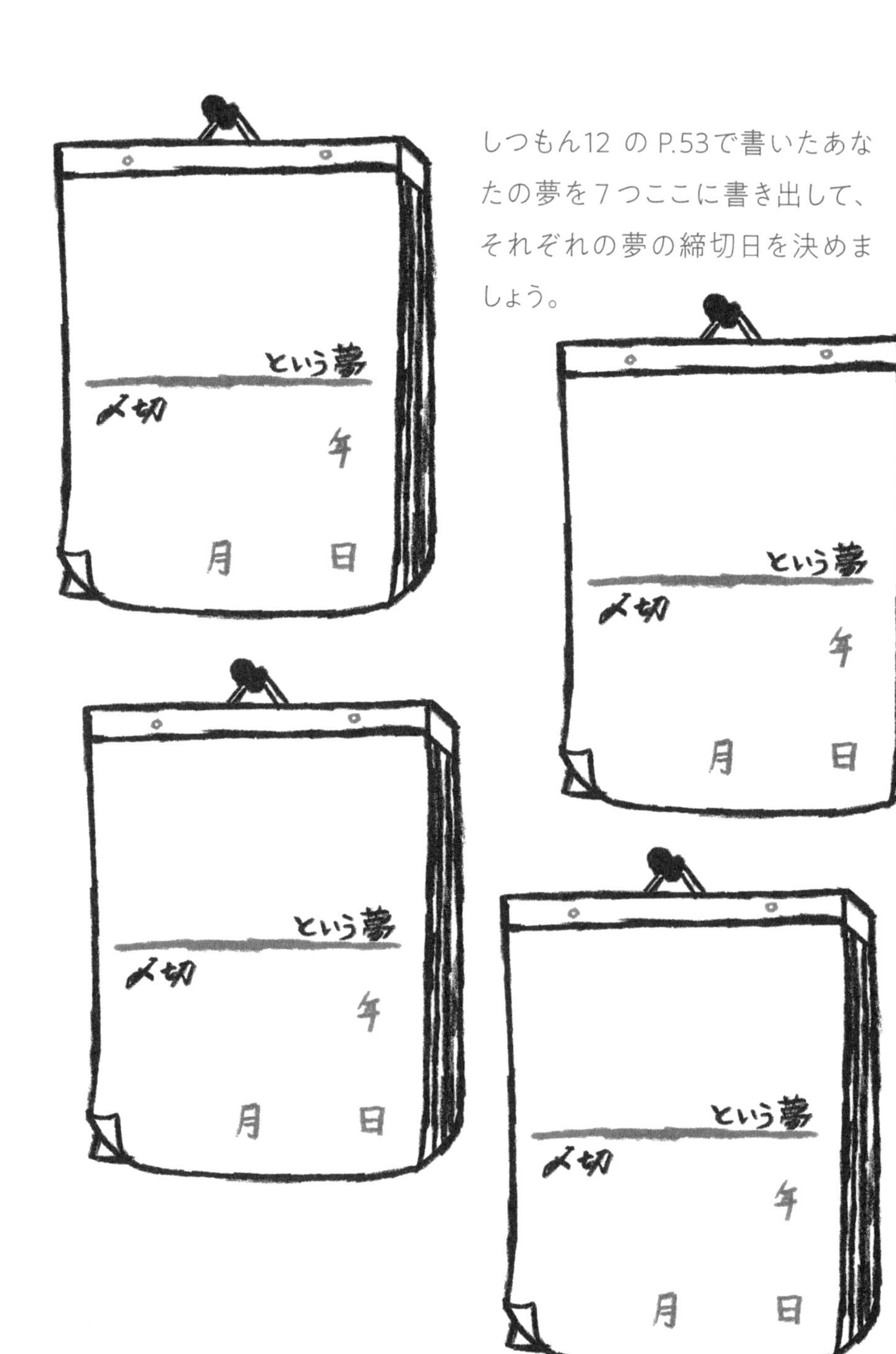

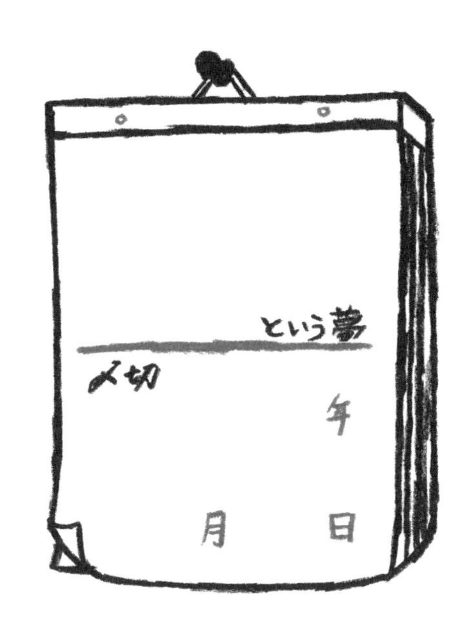

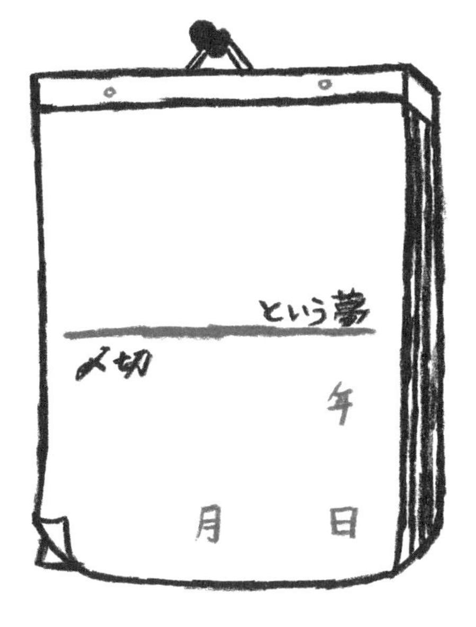

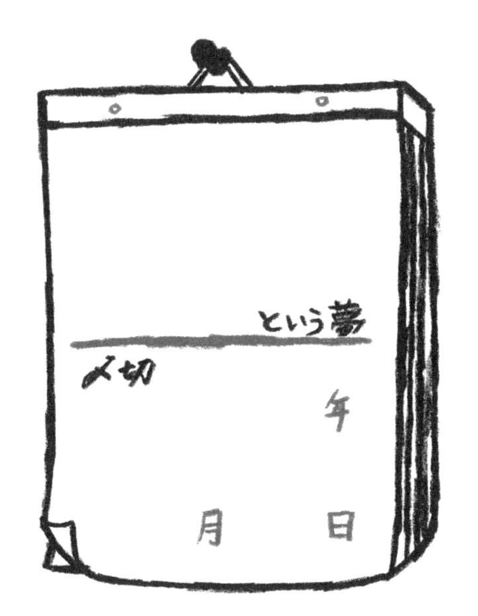

いつまでにやりたいか、締切日は適当に選ぶのではなく、ちゃんと感じて、自分がしっくりくる日を選ぶのがポイントです。

やってみよー

夕日にあなたの夢を宣言しよう。

魔法のように次々に夢を叶えていった
King of Pop・マイケル・ジャクソンが、
叶えたい夢があるときに
ひそかにやっていた儀式があります。

「陽が沈むのを見るときには
いつも静かに自分の秘密の願いごとをするようにしていた。
最後の光の一片が水平線に隠れて消えてしまう、
その直前に願うんだ。
すると、太陽が僕の願いを受け止めてくれる。
そのとき、願いは、ただの夢ではなく、
目標に姿を変えるんだ」

あなたも日が沈む瞬間に、
ここで書き出した夢を宣言し、
「夢」を「目標」に変えよう。

出典『明日が見えないとき　キミに力をくれる言葉』
ひすいこたろう（SB文庫）

あなたの夢が叶ったら、さらにどんなステキなことが雪崩のごとく起きますか？

夢が叶うと、その先にどんなワクワクな世界が待っているのか、
夢が叶ったその先までありありと想像できれば、
「その気スイッチ」が入ります。

文豪ゲーテがシャルロッテという女性に惚れて
ラブレターを1800通書いたのを知ったときに、
僕の中で、天才になる道筋が見えた気がしました。
そして、読んでくれる人へのラブレターを書くつもりで、
ブログ、メールマガジンを1801通書こうと決意したんです。
はい、ゲーテ超えです（笑）
1801通書いたら、①本もたくさん出せて、②読者さんたちの人生が次々に輝き出し、③人気作家さんと友だちになれて、④全国を旅するようなライフスタイルに変わり、⑤ついには女優の井川遥さんが、「ひすいさんのおかげで人生が変わりました」と涙ぐんでくれたり……と想像したらワクワクしてきて、そんなふうに毎日楽しく書いているうちに、ついには1801通書き切れたのです。
はい。おかげで、⑤以外はみんな叶いました（笑）

あなたの夢が叶うと、さらにどんなステキなことが
起きるだろう？
誰が、どのように喜んでいるだろう？
夢が叶ったその先を想像して、書き出してみよう。

※ちょっと上を見てニヤニヤ想像するのが秘訣です。

あなたは何によって憶(おぼ)えられたいですか？

経営の神様と呼ばれた経営学者ドラッカーはこう言っています。
「何によって憶えられたいのかを問いつづけろ」
「強みの上にすべてを築け」

ではズバリ、あなたの強みはどこに隠れていると思いますか？

お金をかけてきたこと
時間をかけてきたこと
悩んできたこと

この３つに隠れています。

僕の例で伝えると、お金をかけてきたのは、心理カウンセラーの資格を得るなど、「心の世界を学ぶこと、真理を探究すること」と言えます。
お金をかけてきたことの本質は、要は自分の好きなことです。

一方、時間をかけてきたことは、好きとは限りません。
僕が時間をかけてきたのは、営業マンの仕事です。
でも人見知りだったので、営業が好きなどころか、大嫌いでした。全然売れない日々がつづき、葛藤の末、会わずに売る方法として広告の書き方を身につけ、そこからコピーライターに転身しました。
「営業マンとは?」「コピーライターとは?」と、「とは?」と本質を掘り下げていくと、どちらも「わかりやすく伝えること」がその仕事の本質だとわかります。時間をかけてきたものは好きとは限らない。ご縁があるものなのです。

僕の場合は、好きなことは、「心の世界やものの見方を学ぶこと」。時間をかけてきたことは、「わかりやすく伝えること」。
つまり、「ものの見方を面白く伝えること」(お金をかけてきたこと×時間をかけてきたこと)こそ、僕の強みだとわかります。
また、人生のどん底で何を得たか、何に気づいたかも、あなたの人生が問いかけてくるテーマと密接にかかわってきます。
この3つに、あなたを、さらにあなたらしく活かすヒントがあるのです。

1 あなたがこれまで生きてきた中で、
特に「お金」をかけてきたことは何ですか？
思いつくままにあげてください。
（また、それらの本質は何だと思いますか？）

2 あなたが特に「時間」をかけてきたことは
何ですか？思いつくままにあげてください。
（また、それらの本質は何だと思いますか？）

3 あなたがよく人に頼まれることは何ですか？ また、得意なことは何ですか？

（また、それらの本質は何だと思いますか？）

4 人生でつらかったとき、ごん底で得たこと、気づいたこと、出会えた人、できるようになったことは何ですか？

（人は人生のごん底で自分の人生のテーマと出会います）

5 これまでの4つの質問の答えをふまえて、
あなたの強みは何だと思いますか？
また、あなたは何によって憶えられたいですか？

6 あなたの人生が問いかけてくる、
あなたの人生のテーマは何だと思いますか？
（わかる範囲でいいので、浮かんだことを書き出してみよう）

いつもと 16

自分のお墓に言葉を刻むとしたら、何と入れる?

「墓碑銘」とは、お墓に刻まれる言葉。
自分はどういう人生を生きたのか、自分が人生において
大切にしてきたことなどをお墓に刻むのです。
小説『赤と黒』で有名な作家のスタンダールなら、
「生きた 書いた 愛した」。
詩人ウィリアム・ブレイクは、
「私はこの堀のそばに埋葬された。
友人たちが思う存分に泣けるように」。
彼が友人を大切にしていたことが伝わると同時に、「涙が溢れてもお堀があるから大丈夫」というジョークにもなっている。
米国の俳優ディーン・マーティンは「誰かが誰かを愛してる」。
インド独立の父、マハトマ・ガンジーの墓碑銘は
「7つの社会的罪」として①理念なき政治　②労働なき富
③良心なき快楽　④人格なき学識　⑤道徳なき商業
⑥人間性なき科学　⑦献身なき信仰　と刻まれています。

ここでは、あなたが人生で大事にしたいことを
墓碑銘として刻んでいただきます。

これまでやってきたこともふまえて、
あなたが人生において一番大切にしたいこと、
もしくは、どういう人生を生きたと記憶されたいのかを、
墓碑銘として刻もう。

あなたの死亡記事が出ます。何と書かれたい？

今度は、自分で自分の「死亡記事」を書いてみましょう。

「死亡記事を書くなんて、縁起が悪い!」なんて思うかもしれません。
でも、自分がほんとうはどうしたいのか、
どう生きたいのかを明確にできる、とても効果的なワークです。

自分にとっての「幸せのかたち」を明確にし、
こんなふうに人生を終えることができたら最高!
と思えるような自分の死亡記事を
ワクワクでっちあげてください(笑)

死亡記事を書くためのウォーミングアップとして、
まず次のページの4つの質問に答えてください。

1 ぜったい成功するとわかっていたら何をする？

2 どんな奇跡が起きたら、思わずニヤけちゃいますか？
鼻血が出るほどうれしいですか？

3 奇跡が起きた世界では、
あなたはどんな１日を過ごしてますか？

4 あなたの人生は、どんな人生だったと言われたいですか？
(誰にとって、どんな存在でありたいですか?)

5 あなたにとっての幸せとは？
(何があなたの真の幸せですか？)

5つの質問の答えをふまえて、
いよいよ死亡記事を書いてみましょう。
まずは、僕の例をあげます。

号 外　20XX年 〇月 X日 △曜日

日本の宝
ひすいこたろう死去

国民的人気作家ひすいこたろう氏
100歳大往生!

2005年『3秒でハッピーになる名言セラピー』でディスカヴァーメッセージブック大賞特別賞を受賞しデビュー以来、作品は100点を超え、TOKYO FMの人気ラジオ番組「ひすいだよ〜」も国民的ラジオ番組に成長。代表作『銀河アイドル』は累計1億6000万部に達し、『星の王子さま』を超えた。

「人はどうしたら幸せに生きられるのか?」その道筋を多くの作品で照らし、2039年には、地球人の幸福度指数を天の川銀河最下位から堂々の銀河1位に引き上げた。

晩年は、愛息との共作で作品を作り続け多くのクリエイターやアーティストのイマジネーションを刺激し、この星をアップグレードした。人生最後のセリフは、孫に向けた「人生は長い夏休みみたいなもんだよ。思い切り楽しんで! あ、最後に桃食べたいな」だったという。

あなたにとっての「幸せのかたち」を明確にしたうえで「こんな夢が叶ったらテンション上がるなー」という人生を勝手にでっちあげて、死亡記事を書いてみましょう(笑)

「嘘から出た実(まこと)」ということわざがありますが、嘘のような夢を現実にするのが人生ゲームの醍醐味です。

※次のページに書き込む前に友だちの分もコピーしておこう。

月　日　20XX年

号外
○月×日
△曜日
27の質問
月 ×日 △曜日

日本の宝
死去

200万部突破!
あした死ぬかもよ?

これからの人生を愛で生きるための11のしつもん

LOVE

これだけは忘れないで。
誰かを愛することは、
神さまの顔を見れたようなもの。

by ヴィクトル・ユゴー

出典『レ・ミゼラブル』（角川文庫）

誰と一緒にいたいですか？

2020年、コロナ禍で行動の自粛が叫ばれた時代。
コロナが僕らに問いかけてきたのは、
次の3つの問いです。

誰と一緒にいたい？

どこで暮らしたい？

どんな働き方をしたい？

それはつまり、あなたの「幸せのかたち」です。
僕らはいま、ほんとうの「幸せのかたち」に向き合うことを
問われています。

コロナをきっかけに、兵庫県の神戸から北海道の洞爺湖畔に
移り住んだ友人夫婦がいます。 彼らは、目の前が洞爺湖という最高の環境を新しい住みかに選びました。
しかも、月4万円の家賃！

ご近所の農家さんのお手伝いをすると美味しい野菜をいただけるので、食べるものにも困らない。素晴らしい眺めの中で、毎食、最高の食材を料理し、大好きなパートナーと一緒にいただき、眠り、起き、生活する。
コロナのおかげで生活費が4分の1になり、幸せが4万倍に増えたそうです。地球に負荷をかけずに、大好きな人と、最高の場所で、最高の食材で、毎日ごはんを食べられることのかけがえのなさ。

ルイ・ヴィトンのバッグは買えないけど、
これぞ幸せに満たされた生活だと思いませんか?

さあ、あなたの「幸せのかたち」を明確にしよう。

誰と一緒にいたい?
どこで暮らしたい?
どんな働き方をしたい?

この3拍子が「幸せのかたち」です。

誰と一緒にいたい？

1 思い浮かんだ人を、思いつくままに書き出してみよう。

2 なぜその人たちと時間を過ごしたいと思ったのでしょう？
そこに、あなたが大切にしたい価値観が隠れています。

一緒にいたいと思った理由が「何でも本音を話せる人だから」だとしたら、あなたは本音を話せる関係をとても大切に思っているということです。 そうだとするなら、自分から先に心を開いて本心を話すことから始めると、大切な友だちができます。自分がほしいものを先に与える。これが秘訣です。

ごこで暮らしたい？

どこで、どんな暮らしをして、どんな時間を過ごしたいのか考えてみよう。イメージ写真やイラストがあったら、どんどん貼ってみよう。無理のない範囲で少しずつ旅に出て、どこで暮らしたいか探すのも楽しいですね！

春はどこで暮らしたい？　夏はどこがいい？　秋は？　冬は？
春夏秋冬それぞれの季節に合った場所を探すのも楽しいですね。

僕は春は海外、夏は
洞爺湖、秋は屋久島、
冬は沖縄がいいな。

どんな働き方をしたい？

1 心ときめく働き方、
思いつくままに書き出してみよう。

2 その働き方を実現するために、
いまできる最初の一歩って何だろう？

旅をしながら本を書く。そんな
夢がいつのまにか叶ってました。
君の夢もきっと叶うからね。

いつもと 19

「一生付き合いたい」と思える友人は、どんな友人ですか？

あなたが「一生付き合いたい」「ずっと仲良くしたい」
「こんな友人がいたらいいなー」と思える理想の友人像を
イメージすることから、このワークはスタートします。
理想の友人像を思いつくままに、ここに書いてみてください。
書き終えたら、次のページへ。

前ページで書いてもらった理想の友人像こそが、
実はあなたが「なりたい姿」であり、あなたの未来の
可能性です。さらに、あなたが「こんな人になりたい」
とマネしたい人、憧れている人を3〜5人あげて、その
理由も書いてください。友人や先輩、また、歴史上の
人物やアニメのキャラクターでもOKです。

1

（理由）

2

（理由）

3

（理由）

4

（理由）

5

（理由）

ここにあがった人たちのキーワードや
共通点を書き出してみよう。
共通点は、すべてに共通していなくてもOK。

実はいま書き出したあなたの尊敬する人、憧れている人から浮上する要素、キーワード、共通点の中に、あなたの「才能のタネ」が隠れています。

たとえば僕が憧れているのは、「ドラえもん」と「坂本龍馬」です。
この2人が大好きなんですが、2人の本質を考えてみると、実は2人は同じ存在だとわかるんです。
ドラえもんとは？　四次元ポケットから未来の道具を取り出して、みんなをワクワクさせてくれる存在。
一方、龍馬とは？　古い社会を終わらせて、新しい社会を切り拓いた革命家。
どちらも未来を見せてくれた存在という意味で同じです。
そこに僕が憧れるのは、僕もそれを心からしたいってことです。
作家として「未来の考え方」を伝えたいわけですが、そこに僕も才能があるってことなんです。
好きな人、憧れているものを「とは？」と掘り下げて具体化していくと、自分が心から向かいたい本質が浮き上がってきます。

参考文献 HP「小田真嘉オフィシャルサイト」

大切な友だちが、ごんな夢を持っているか知っていますか？

あなたが最後に食べたいものは何ですか？
それが食べられるお店に仲間を誘い、そこでこう宣言しましょう。
「今日は私の生前葬。
大好きな友だちだけに来てもらってま～す。
生きている間に伝えたかったから。
出会ってくれてありがとう!!」
ここで、P.70～の死亡記事ワークを見せて、
みんなで死亡記事を書き合おう。
題して、「Happy 生前葬」。

夢を分かち合うことで、みんなの夢があなたの夢になる。
同時に、あなたの夢もみんなの夢になる生前葬。
すると、お互いの夢が響き合い、加速していきます。
「しあわせ」の語源は「為し合わせ」。
お互いに為し合うことから幸せは始まるのです。

「ひとりで見る夢は夢でしかない。
しかし誰かと見る夢は現実だ」
by オノ・ヨーコ

あなたと、あなたの大切な友だちの夢を、一言ずつ
ここに書き記して、財布に入れて持ち歩こう。
夢は「○○が叶いました。ありがとう!」と
過去形で書くのがオススメ!

1 私の夢

2 さんの夢

3 さんの夢

4 さんの夢

5 さんの夢

あなたが生きることで、幸せになる人はいますか？

「志」とは、「使命（ミッション）」を持つということです。
「使命」とは、文字通り、その「命」を誰かのために「使」うこと。
あなたがやりたいことを「夢」とするなら、
人があなたに望むことは「使命（ミッション）」だともいえます。
誰かに役立つ、喜ばれるというのがミッションの鍵です。

人間だけが持っている本能というのがあるそうです。
食欲、性欲、睡眠欲。これは動物も持っています。
では人間だけが持っている本能とは何かというと、
「喜ばれると、うれしい」だそうです。

あなたのこれまでの人生は、人に喜ばれるような人生でしたか？
あなたが生きることで幸せになる人はいますか？
この質問、ちょっと耳が痛いかもしれませんが、
喜ばれるのは、たったひとりでもいいんです。
もしみんなが誰かひとりでも幸せにできたら、
世界中みんなが幸せになるからです。

最近、どんなことで人から感謝されましたか？
「ありがとう」と言われましたか？
5つ書き出してみよう。

1

2

3

4

5

「ありがとう」を集めること、生み出すこと、
それが仕事の本質です。

誰を笑顔にしようと思ったら、あなたのハートに火がつきますか？

夢がないというキミへ。
大丈夫。
夢がなくても、「ミッション」と出会う方法があるんです。

「作家のひすいさんは、小さいころから書くのが好きだったんですよね？」って、よく言われるんですが、実はそうじゃありません。
子どものころは、書くのが大嫌いでした。
先ほども少し触れましたが、僕は社会人デビューしたとたん、ひょんなことから営業部に配属されてしまったんです。
赤面症で人見知りの僕が営業マン……。だから全く売れない。
でも、僕はその会社をやめたくなかったんです。
だって、目もまともに合わせられない僕を、何も言わずにすぐに雇ってくれた社長が大好きだったから。
いつか、この社長を笑顔にできる社員になりたいって
思っていたんです。

ならば、会わずに売る方法を見つけるしかない。
それには、広告を作るしかない。
そこから、通販カタログをひたすら書き写して、
独学でコピーの書き方を学んでいきました。
そして毎週1回広告を作って、FAX通信を始めたら、
1年後にはトップ営業マンになれたんです。
そうして僕は、書いて伝えることができるようになりました。

書くことなんか好きでもなんでもなかった僕が
いまは本を書くことが楽しくて仕方がない。
でも、それは初めから好きだったわけではなく、
僕の夢だったわけでもない。
どうすれば社長を笑顔にできるだろうか?
その先に僕の「ミッション」があったのです。

いま、キミの目の前の人を笑顔にするために、何ができる?
そのためにキミができることが、キミのミッションにつながっていきます。
才能は、人のためを想ったときに、思いきり花開くのです。
「大好きなあの人のために」そう思えたとき、
人は自分を超えることができるんです。

あなたは会社で何を望まれていますか？
会社のためにあなたができることは何か？
それがあなたのミッションにつながっていきます。

あなたは恋人に何を望まれているだろうか？
恋人を笑顔にするために
あなたができることは何だろう？

どんな小さなことでもOKだよ。

あなたが家族に望まれていることは何だろう？
家族のためにあなたができることは何だろう？

あなたは誰を一番笑顔にしたいですか？
その人を最高に笑顔にするために何ができますか？

「人間が一番うれしいことはなんだろう？
長い間、ぼくは考えてきた。
そして結局、人が一番うれしいのは、人をよろこばせることだということがわかりました。 実に単純なことです。 ひとはひとをよろこばせることが一番うれしい」

出典『もうひとつのアンパンマン物語』やなせたかし（PHP研究所）

あした死ぬとしたら誰に「ごめんなさい」と謝りたいですか？

コーチングの第一人者・伊藤守さんは、
「未完了を完了させることが大事」と言っています。
未完了な想い、謝れなかったことは、ずっと心にしこりが残ります。

だからどこかでずっと気にしているので、
そこからエネルギーが漏れてしまっているのです。
その自分に改めて向き合い、受けいれ、認めることで、
心はすがすがしく軽くなれるのです。

実際にはもう謝ることはできない故人であっても
文字にすればその想いは届きます。

あした死ぬとしたら
誰に「ごめんなさい」と謝りたいですか?
また、あなたが死ぬまでに謝りたいのは、
どんなことでしょうか?
「ごめんなさい」の手紙を書いてみましょう。

「感謝」とは謝るを感じると書きます。
感謝は「ごめんなさい」から始まるのです。

いつもそ
24

ある朝、
天国のご先祖様から
あなた宛にメッセージが
届きました。
その手紙には何と
書かれていたでしょうか？

あなたは、わかっていますか？
あなたの命の凄みを。
あなたの命の前には、お父さん、お母さんの命があります。
そのお父さん、お母さんにも
それぞれお父さん、お母さんがいます。
9世代さかのぼるだけで、
あなたのご先祖は512人にものぼります。
2000年前までさかのぼれば100兆人です。

ある朝、あなたのご先祖様たちから、手紙が届きました。その手紙にはあなたの人生がさらに開けるためのアドバイスや応援コメントが書かれていました。
さて、何て書いてあったのか、
想像して書いてみよう。

ここは、実際にお墓参りをした後に書けたらベストですね。

命をバトンするまでは、100兆以上ものカップルが、
ハートブレイクを迎えることもなく、
亡くなることもなかったからこそ、
いまのあなたの命があるんです。

あなたは、すべてのご先祖様たちの想いの結晶です。
あなたが、人生をイキイキと生きることで、
これまでのご先祖様がすべて報われることになります。
あなたが輝くことこそ最高の先祖供養になるのです。

それをしっかりイメージしてもらうためにも、
次のページで、さかのぼれるだけ調べて
あなたの家系図を完成させてください。
名前を知らないということは、
その存在を全く意識していないということです。
家系図を見ると、あなたの命のルーツ（流れ）の重みが
直感的に実感できるようになりますから
ぜひ書いてみてください。

自分

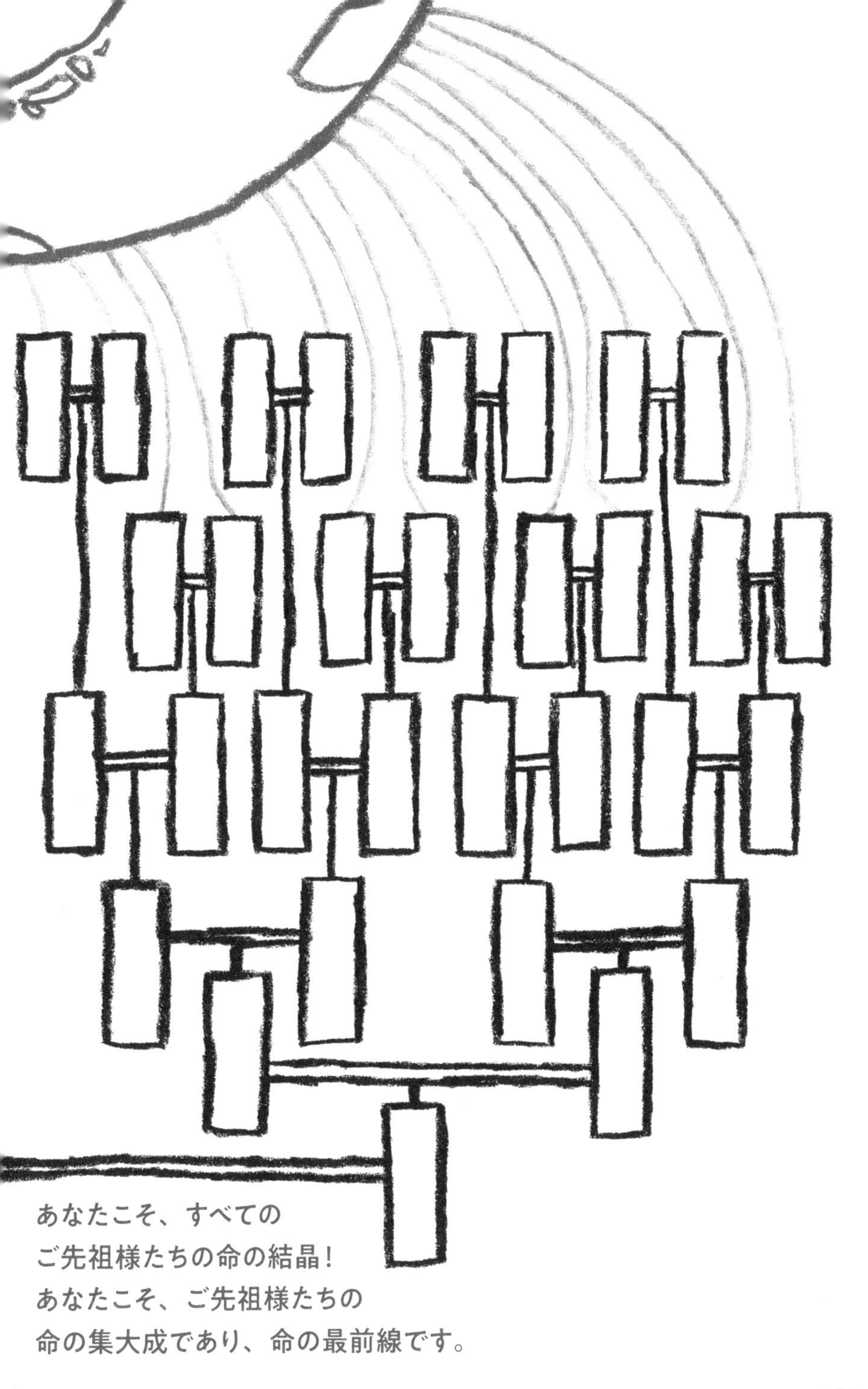

あなたこそ、すべての
ご先祖様たちの命の結晶！
あなたこそ、ご先祖様たちの
命の集大成であり、命の最前線です。

あなたが両親を選んで生まれてきたのだとしたら、その理由は何だろう？

「いま死んだら何に後悔するだろうか？」というアンケート結果（致知出版社調べ）では、「死んだ父を許してあげられなかった」（49歳　男性）、「親の愛情に気づけなかったこと」（37歳　男性）などと、親に対しての後悔が多くあがっています。
『親が死ぬまでにしたい55のこと』という本の中に、親と離れて暮らしている場合、あと何時間、親と過ごせるのか、およその目安が掲載されていました。
親が60歳から80歳まで生きるとして、親の残された寿命（20年）×1年に会う日数（6日間）×1日に一緒にいる時間（11時間）として計算すると、1320時間です。日数にするとわずか55日。衝撃の、「余命2ヵ月」ということになります。

では、あなたの正直な気持ちを親に伝えるために、
次の質問に答えてみましょう。

出典『親が死ぬまでにしたい55のこと』
親孝行実行委員会（泰文堂）

お父さん、お母さんの好きなところや
感謝したいこと、「この親のもとに生まれてよかった」
と思えることを５つあげてみよう。

1

2

3

4

5

では、あなたがご両親を選んで生まれてきたのだとしたら、その選んだ理由は何だろう?

また、「こうはなりたくない」と、親が反面教師としての役割を担ってくれていたこともあったかもしれませんね。

あなたはいま、どんな気持ちを
両親に一番伝えたいでしょう？
手紙形式で書いてみよう。

親に会えなかったり、亡くなっている方も、
ここに手紙を書いてみよう。
あなたの想いは届きます。

親をゆるせないという方へ

それでよし

あなただって人間であるように、親だって人間です。
人はみな未熟であり、パーフェクトではありません。
でも、ひとついえるのは、あなたが大人になれたのは、まぎれもなく親のおかげだということです。
お母さんは、生まれたばかりのあなたにミルクをあげて、夜泣きしたら眠たい目をこすりながらあやし、熱を出したらつきっきりで看病してくれた。 きっと眠れない日だってあったはず。 あなたは、それだけの愛情を注がれていたんです。ものごころつく前に、すでに。 おむつ替えの回数だけでも1万回近くになるそうですから。 生まれたばかりのころ、あなたのありのままを完全に受け入れてくれたのが親なのです。
とはいえ、 いろいろな親がいることですから、 どうしてもいま、親をゆるせないというなら、ゆるす必要はありません。
ゆるせないという自分を、ゆるしてあげてくださいね。
親をゆるせない子どもほど、ほんとうは親に自分の愛を受けとめてほしかったという愛の強い人なんですから。
今はゆるせなくても、時が解決してくれることもあります。
いまはその時を信じて待ちましょう。

死んだらすべてがわかるとしたら、あの人とどう接しますか？

「死んだらすべてがわかるとしたら、親父はどう思うかな？」
この問いによって、僕の友人は、親からの押しつけ的な期待につぶされそうになったときに、開き直ることができたそう。
もし僕が死んだときに、親父にすべてがわかるとしたら……。
ほんとうはやりたくないのに、父親の言うことを聞いて親孝行を装って生きていた息子に対して、きっと父親は後悔するだろう……と、思ったのだとか。
逆に、自分の好きなように人生を送っていたら、生きていたときは言うことを聞かない不良息子だと思っていたけれど、実は息子は幸せに生きていてよかったと、ホッとするだろうと。
だったら、親不幸者に思われてもいいから、自分が幸せに生きることが、ほんとうの親孝行なのだと。
だから彼はいま、堂々と言っています。
「親孝行のために、親の言うことに逆らいます」と。
死んでからわかる親孝行もある。
親だけでなく、夫婦関係や、すべての人間関係で言えることだと思います。

死んだらすべてがわかるとしたら、
わだかまりのあるあの人と、どう接したいですか？

あなたにとって愛するとは？ あなたにとって愛されるとは？

沖縄でハブに噛まれて毒が回り、この世とあの世の間をさまよった人がいました。
「臨死体験」と言われる現象ですが、臨死体験中、なんと夢か幻か、あの世からの使者が現れて、ある質問をされたそうです。
人生最後の瞬間に問われることって、何だと思いますか？
あの世からの使者は、こう聞いてきたそうです。

「あなたの人生は、愛された人生でしたか？」

この質問に対して、あの世をさまよう彼は、「はい」とうなずきました。

たしかに自分を愛してくれた人はいた……。
でも、質問はこれだけではなかった。
あの世の使者は次にこう聞いてきたそうです。

「では、充分に愛しましたか?」

そう聞かれた瞬間、彼は「まだ愛しきれてなかった!!!」という
強い後悔の念が湧いて、その瞬間、この世に戻されたそうです。
人生の最後に問われることは、「いくら稼いだか?」ではなかった。
「あなたの人生は、愛された人生でしたか?」
「そして、あなたは充分に愛しましたか?」
人生の最後は、そこが問われるのです。

あなたはパートナーに愛されていますか?
愛されていないと感じるなら、これからどうしたいですか?

あなたはパートナーを充分に愛していますか?
愛しきれていないとしたら、これから何をしたいですか?

あなたにとって「愛する」とは何でしょう？
何をすることが、あなたにとっての愛の表現になるのでしょうか？（パートナーにも聞いてみよう）

あなたにとって「愛される」とは？
何をされると「愛されている」と感じますか？
（パートナーにも聞いてみよう）

あなたの愛の表現が、必ずしも相手にとって「愛されている」と感じない場合があるので、お互いの「愛するとは？」「愛されるとは？」を言葉にしてシェアすることは、とても大切です。

あなたにとって、理想のパートナーシップとは
どんな関係でしょうか？

例：「自然体で本音を話せる仲。 同じものを見て一緒に笑い合える。 相手の大切にしたいことを理解し、それをお互いに大切にし合える。ゆるしゆるされる関係」
こんなふうに、 言葉にすることで、 改めてパートナーシップで自分は何を大切にしたいのかが見えてくるのです。

今日はどんな愛を残そう？

萩尾望都さんのマンガ『トーマの心臓』（小学館）の中に、
「これが僕の愛」という表現があります。
この言葉を教えてくれた友人は、こう言っていました。
「この言葉と出会って、私も毎日を生きるときに、
『これが私の愛』って言える何かを残しながら生きたいと思った。
毎日『今日はどんな愛を残そう？』というふうに、
自分自身に聞きながら生活しています」

元気よくお母さんにあいさつできたこと。
ワンちゃんと気持ちよく散歩できたこと。
人にちょっと優しくできたこと。それら全部が愛です。

**「人が死んだあとに残るものは、集めたものではない。
与えたものだ」by ジェラール・シャンデリ**

あなたが分かち合った愛こそ、
あなたが地上をはなれた後も残るのです。

今日はどんな愛を残しますか?
ハートの中に、思う存分書き込んでみよう!

「人に優しくしたい。 最後の仕事は人に優しくすること」
by ヨウジヤマモト

出典『ヨウジヤマモト特集』

本心で生きるための10のしつもん

HEART

なぜ、あんたは、
銀行の口座ばかり気にしてるんだ？
なぜ、あんたは、
自分の奏でるビートを大切にしない？

by ボブ・マーリー

出典「CATCH THE FREEDOM」ボブ・マーリーの詩集（A-WORKS）

お金よりも大切にしたい時間はどんな時間？

人生最後の瞬間、これまで得たもののすべてを手放すのが
人生のゴールです。

もちろん、お金も家も車もバッグも手放します。
しかし、人生最後の瞬間、
あの世に持って還れるものがひとつだけあります。

それが……「思い出」（記憶）です。
人生最後の日、
あなたはどんな「思い出」を持って還りたいですか？

お金よりも大切にしたい時間は
どんな時間（思い出）ですか？
宝箱の中に書き出してみましょう。

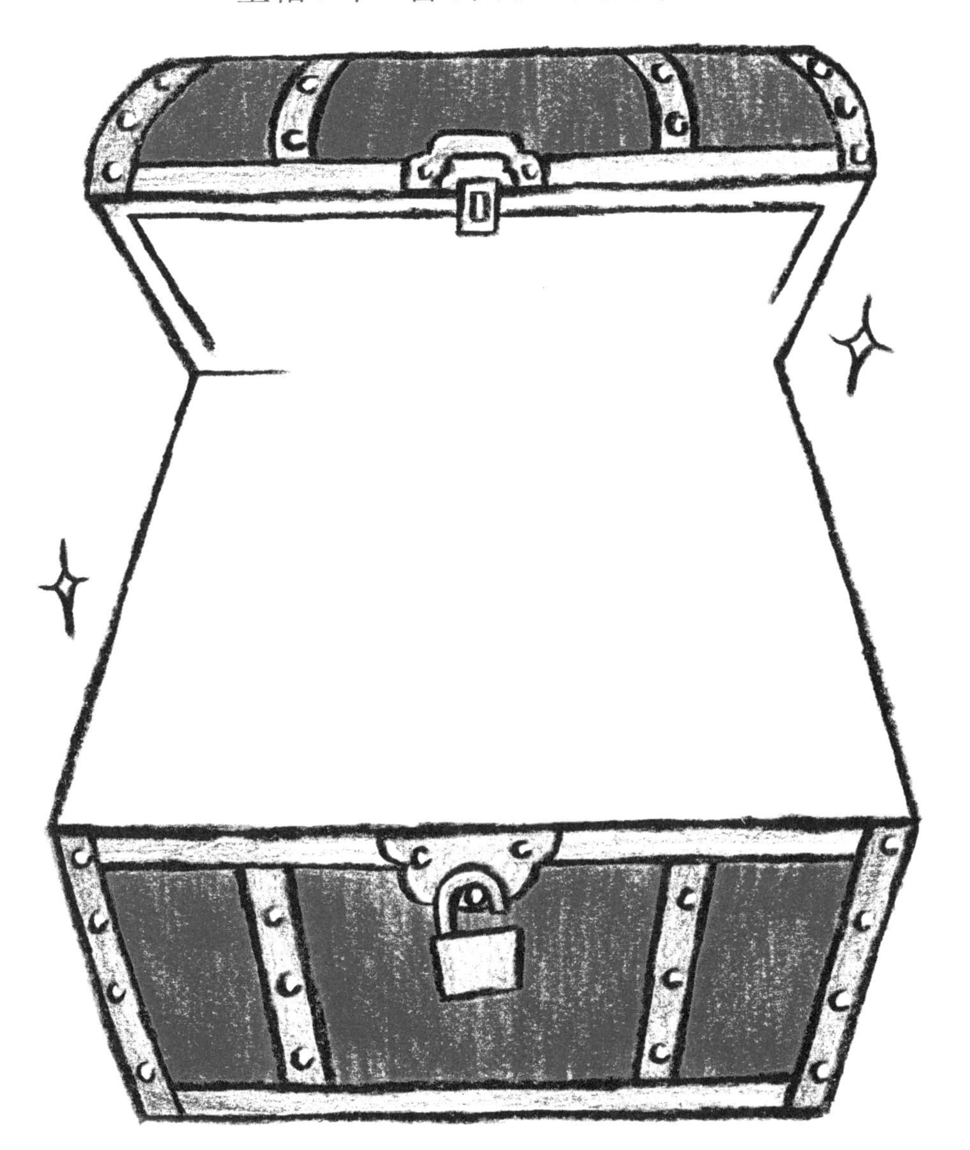

いま、あなたが幸せである理由を10個書き出そう

目の見えないカップルたちは、
ずっと相手の顔を触っているのだそうです。
相手の顔を1秒でもいいから見たいというのが
彼らの夢なんです。

小児ガンの病棟にいる子どもたちは、
「お父さんとお母さんとラーメン屋に行きたい」
「家に帰りたい」
「来年の誕生日を迎えたい」
「大人になりたい」
これらが彼らの夢なんです。

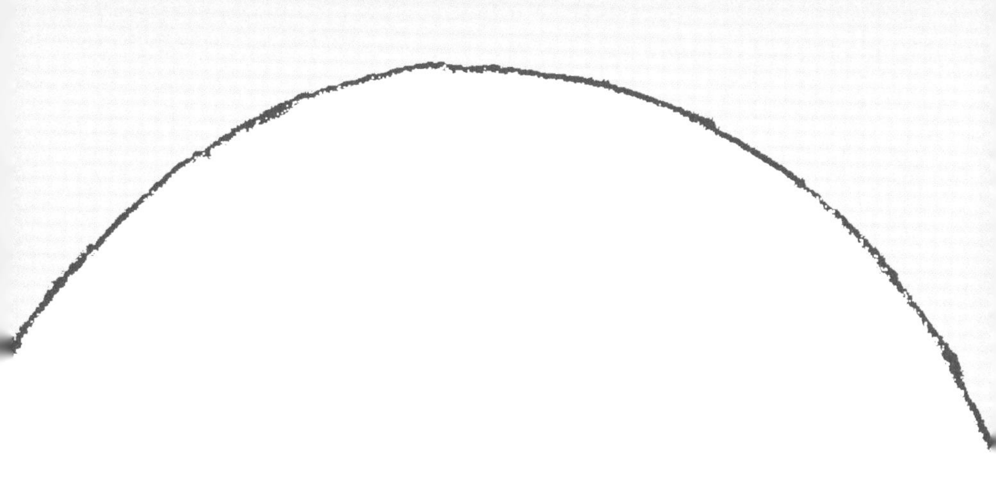

見えること、聞こえること、話せること、歩けること、
友だちがいること、ご飯が食べられること、家に帰れること。
僕らは、いますでに幸せに囲まれていたんです。
僕らはいま、夢のような毎日を過ごしている。
いま幸せになれるのです。
なぜなら、幸せは気づくものだから。

人生は、幸せになるのが目的じゃない。
幸せがスタートなんです。幸せから夢へ向かうんです。
いまが不満だから幸せを目指すという人は、夢を成し遂げても、
そこに見えるのは、
新しい不満だったりします。
だから、幸せから始めるんです。

あなたが幸せな理由を
10個書き出してみよう。

1 私は幸せです。なぜなら……

2 私は幸せです。なぜなら……

3 私は幸せです。なぜなら……

4 私は幸せです。なぜなら……

例：「私は幸せです。味噌汁がおいしく作れたから」「私は幸せです。昨日まで咲いていなかった花が咲いたのを見られたから」「私は幸せです。今日の夕日がすごくキレイだったから」こんなふうに小さな幸せに気づける自分でありたいですよね。
成長とは大きくなることではなく、小さなことの中に大きな喜びを見出せるようになることをいうのです。

5　私は幸せです。なぜなら……

6　私は幸せです。なぜなら……

7　私は幸せです。なぜなら……

8　私は幸せです。なぜなら……

9　私は幸せです。なぜなら……

10　私は世界一幸せです。なぜなら……こんなステキな本と出会えたからです（笑）

誰になろうとしてるんですか？

私たちは100％いつか死ぬ身です。
ならば、自分じゃない自分を偽って成功するよりも、
むしろ、失敗しちゃっても、
ありのままの自分で生きたほうが
すがすがしくないですか？

誰になろうとしてるんですか？
憧れの人がいるのはステキなことですけど、
そのままその人のようになる必要はありません。
せっかく、世界でただひとりのあなたとして生まれたのだから、
誰にもなる必要はない。
あなたは堂々と胸をはって、あなたであればいい。
あなたがあなたであるから、
宇宙はあなたの存在を望んだのです。
だから、あなたはいま、ここにいます。

ありのままの自分にオッケーを出せたとき、
あなたは自分のハート、そのすべてとつながれます。
そのときあなたは、まるごと命を本領発揮できるのです。

ハートはホワイトとダークな部分のふたつでワンセット。
ありのままの自分を受けいれ認めゆるし愛することで、
ハートは、本来のハートのかたちに戻れるのです。
ダークな自分を否定し、ホワイトな自分だけで勝負しようとすると魅力が半分になり、
「あの人、いい人なんだけどね」と言われてしまいます。
つまり恋愛対象外ってことです（笑）
自分を受けいれ「これでいいのだ！」と自分を笑い飛ばせた瞬間、
「ほんとはどうしたいのか」というトキメキの未来へ向かえるのです。

自分の嫌いなところは、どんなところ？
あなたの好きなところ、嫌いなところを
ありのままに下の表に書き込んでください。

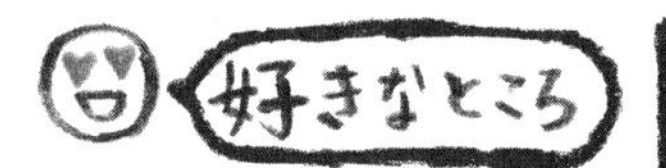

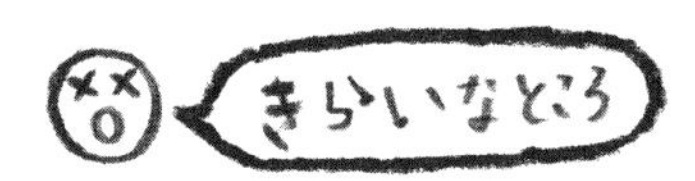

両方あってあなただよ。

胸をはってよし♥

やってみよー

左に書き込んだ嫌いなところに対して、
「そんな自分をゆるします」と宣言してください。

たとえば僕が自分の中で嫌いなところは、

＊心配性なところ。 空港にも1時間半前に着いていないと落ち着かない。
＊天性のチキンハート、気がネズミなみに小さいところ。
＊嫌われるのが怖くて、みんなに好かれようとするところ。

それを1つひとつ、次のように「ゆるします」と宣言していきましょう。

「心配性な自分をゆるします」
「チキンハートフルな自分をゆるします」
「嫌われるのが怖くて、ついついみんなに好かれようとするがんばり屋な自分をゆるします」

最後に、「そんな自分かわいい♥」と
自分で自分をセルフハグしてあげましょうね。

参考文献『一生を変えるほんの小さなコツ』
野澤卓央（かんき出版）

いつもの 32

「ここがダメだ」と自分を責めていることは?

前の質問ワークからのつづき。
友だちのことをうらやましく思っていて、
友だちの幸せを心から願えない自分を責めている人って、
きっといると思います。

子どもを叱ってばかりいる、そんな自分を責めているお母さんもいると思います。

周りの目を気にして、失敗しないようにがんばっている自分になんだか疲れちゃって、そんな自分を責めている人もいると思います。

ここでは、自分のダメなところ、自分の欠点、自分にダメ出ししていることを、思いつくまま、全部書き出してみましょう。
全部書き出したら、最後にこのセリフを言ってみてください。

「人生は60点でいい。これでいいのだ!」

人は60点の自分を否定するのに60のエネルギーを使い果たし、
元気を失っているのです。
60点の自分を否定するのに60のエネルギーが消耗されている
ことに気づいてください。
すると、100－60＝40。
つまり、40のエネルギーしか残っていないのです。

だったら、もう60点でいいじゃないですか。
「60点でいいや」と開き直ることで、
自分を責めることに費やしていた60のエネルギーをセーブして、
それをやりたいことをやるエネルギーに回してあげればいい。

そのための魔法の呪文。
「人生は60点でいい。これでいいのだ！」
自分を責める暇があるなら、自分を活かすエネルギーに回そうよ。

自分のダメなところ、自分の欠点、
自分にダメ出ししていることを思いつくまま
全部書き出してみよう。

全部書き出したら、
次のページのセリフを言って胸をはろう。

人生は60点でいい。
これでいいのだ！

最後に、自分のダメなところを書き出した左ページに
「これでいいのだ！」と言いながら花マルを描いてあげよう。
欠点こそ君に欠かせない点だよ。欠点は個性なんだ。

あなたがホッとするときはどんなとき？

ここまでたくさんのワークで「幸せのかたち」を掘り下げ、
あなたという人生（旅）の行き先を明確にしてきました。
ここらでコーヒーブレイクの時間です。
そう、実は人生にもコーヒーブレイクって大事なんです。
「幸せのかたち」が明確になると、人生に追い風が吹いてくるのですが、その風はホッと一息ついたときに吹いてくるのです。
ホッとすること、リラックスすることで、あなたの本心はドンドン湧き上がるようになります。
ホッとしているときは、ハートとともにあるからです。

スマホを手放して、何も考えない時間、ボーッとする時間、
空っぽになる時間、ホッとゆるむ時間を大切にしてくださいね。

あなたがホッとするひとときって、どんなときですか？
あなたの体がゆるむときは、どんなときですか？
コーヒーカップの中に書き出してみよう。

ホッとする時間をもっと増やすために
できることは何だろう？
3つあげてみよう。

1

2

3

ホッとする時間をもっと増やすために、
何を減らせばいいですか？
何をやめればいいですか？

空をボーッと眺める時間が心をリセットしてくれるんだ。

死ぬ1秒前に言いたい人生最後のセリフは？

「看取り士」という仕事があります。
亡くなっていく方が幸せな最期を迎えられるように寄り添う仕事です。
たくさんの死に立ち会ってきたある看取り士の方が、いままでにひとつだけ、家族みんなを幸せにした「死」を見たといいます。
ふつう、死はまわりの人を悲しませます。
しかし、そのおじいちゃんの死は、みんなを笑顔にした。

おじいちゃんは、亡くなる直前にガッツポーズして
「やりきった!」と言って亡くなったのだそうです。
そう。自分の人生をやりきれば、
死でさえもみんなをハッピーにできるのです。

あなたは人生最後の日に、何と言って死ねたら本望ですか？
たとえば僕なら、人生最後のセリフは、
「ああ、おもしろかった。自分をやり切れた」
と言って死にたい。

1 人生最後のセリフ、あなたはどう言って死にたい？

2 じゃあ、そう言えるのは、何をやったおかげ？

１の最後のセリフが決まったら、その前に「〇〇のおかげで、おもしろかった」というふうに、何のおかげでそう言えたのかも考えてみてください。 僕だったら、「この星の幸福度数を銀河一に引き上げる名作をつくり出せたおかげで、ああ、おもしろかった。自分をやり切れた」になります。

最高の未来をニヤニヤ想像しながら考えてみよう。

何もかも大丈夫だとしたら、ほんとは、どうしたい？

自分の本心を呼び起こすための質問をプレゼントしましょう。
深呼吸を3回して、胸に両手を当てて、
ハートを感じて、こう聞いてみてください。

「何もかも大丈夫だとしたら、ほんとはどうしたい？」

胸の奥にいる自分に、そう優しく問いかけてください。
いますぐに答えは出ないかもしれません。
でも、何度も何度も問いつづけていたら、
必ず、あなたのほんとうの気持ちに気づく日が来ます。

気づいたら、あとはそこに向かって、
ひらめいたことをかたっぱしから
やっていけばいいだけです。

何もかも大丈夫だとしたら、
ほんとは、どうしたい？

「本気」で生きるとは本当の気持ちで生きることです。

いつもと36

最高の人生を生きた「未来のあなた」が、今日のあなたにメッセージを贈るとしたら?

最高の人生を謳歌した「未来のあなた」が、
「現在のあなた」にメッセージを贈ります。
そのために、未来の自分をイメージしやすくする
心理療法「エンプティ・チェア」をご紹介しましょう。

まずイスをふたつ用意します。
ひとつめのイス(Aのイス)を置いたら、
そこから歩いて5歩くらい先に、向かい合わせで、
もうひとつのイスを置きます(Bのイス)。

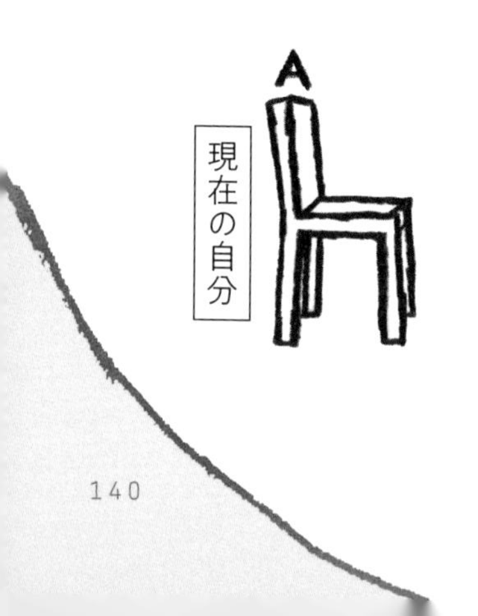

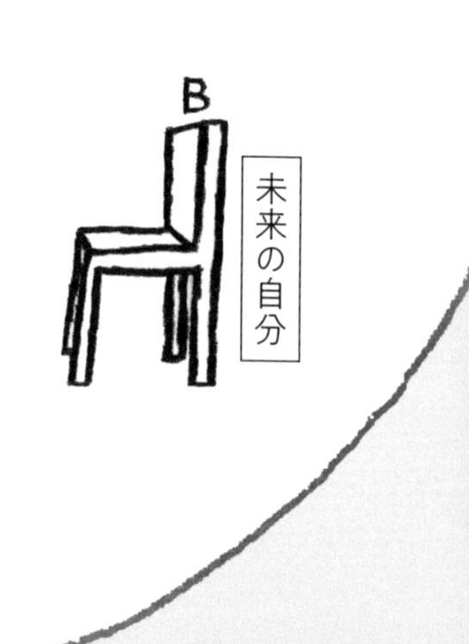

まずＡのイスに座り、目の前に扉をイメージしてください。
その扉の先は、最高の人生を終えたあなたの人生最後の場面になります。
「3、2、1」と数えたら、その扉を開けてください。
扉を開けたら、立ち上がって一歩一歩未来へ歩みを進めるイメージでＢのイスへ向かっていきます。
そして、Ｂのイスに座るときに、最高の人生を満喫した未来の自分と同化するつもりで座ってください。

最高の人生を生きたあなたになってみて、
どんな気持ちですか？
人生最後の日の、満たされた自分の体の感覚を味わったら、
今度は目の前のイス（A）に現在の自分が座っているとイメージして眺めてみましょう。
そして、未来の自分から、現在の自分へ向けて、メッセージを感じるままに伝えてあげてください。

ではそれを手紙にして記しておこう。
最高の自分を謳歌した未来のあなたから、
今日のあなたへ贈るメッセージです。

これで未来の幸せな自分（ゴール）を確定しました。
これからは、未来の自分とずっと一緒です。
あとは、そこにいたるまでのプロセスを楽しもう。

もう大丈夫だよ。
だって、この先何が起きても、
最後はハッピーエンドなんですから。

あなたの人生が映画だとして、最後のエンディングロールに流れる名前は？

映画のエンディングロール、また本やCDなどに、
「Special thanks」として、感謝を述べたい相手の名前が
ずらりと並べられていることがありますよね。
ここでは、あなたの人生の「Special thanks」を
次のページのスクリーンの中に書き出してみてほしいのです。

よくしてくれた小学校の担任の先生や、
初めてバレンタインチョコをもらった相手など、
小さいころから思い出して、できるだけ多く、
「ありがとう」と心を込めて声に出して伝えながら名前を書き出そう。
子どものころに聞いていた音楽をかけながら
書くといいでしょう。

Special thanks

Special thanks

僕らは「ありがとう」を言うために生まれてきたんだ。

いつもそ 38

いま一番ときめくことは何ですか？無理なく、いますぐできることの中で。

仕事がイヤでイヤで仕方ないという男性がいました。
その男性は、
「いつか、ほんとうにやりたい仕事を手に入れたい」
そう願いながらも、7年も経ってしまっていました。
そんな男性に、僕の知人のカウンセラー・ケルマデックさんは
「4つのルール」という話をしました。

「ルールが4つあります。
まずはルールその1。
いま、一番したいことをしてください」

「その一番したい仕事がわからないんですよ！」

「じゃあ、それはまだ、わからなくてもよいということです。
では、**ルールその2**。
わからないことは、しなくていいです。
次にしたいことをしてください」

「2番目ですか？」

「あなたがいままでしたいと思ってきて、まだやってないことです」

「そう言えば、ずっとアメリカに行きたいと思っていました」

「それです！
いますぐにパスポートを取ってアメリカに行ってください！」

「そう言われても、時間もお金もないからできません！」

「では、**ルールその3。できないことは、しなくていいです。**
次にしたいことをしてください。
3番目は？」

「3番目ですかあ……。結婚したいですね」

「じゃ、いますぐに結婚式場の見積もりをもらってくるのです!」

「その前に、彼女がいませんっ!」

「ルール3を適用ということで、次にしたいことをしてください。
4番目は?」

「車が欲しいです。三菱のパジェロが欲しいです」

「では、いますぐに、
ディーラーに行って見積もりを取ってきてください」

「実は先日、すでにディーラーで見積もりをもらったんですよ。
ちょっと高いけど、無理したらなんとかなるかな〜って」

「では**ルールその4。無理はしなくていいです!**
無理がないときに買ってください。
では、次にしたいことは?」

「東京の友人のところに遊びに行きたいです。
でも、いまは時間もお金もないなあ」

「では6番目にしたいことは？」

4つのルールを使い、どんどん掘り下げていき……
やがて、15番目のしたいことにたどり着きました。

「15番目のしたいことは？」

「美味しいコーヒーが飲みたいです。
これならいますぐできます」

「では、それがあなたの、いま一番したいことです。
美味しいコーヒーを飲んでください」

鳥取に住んでいる彼は、「ブルマン」という喫茶店に行き、
深く味わいながらコーヒーを飲みました。

「俺はいま、一番したいことをしている」
そう、感じながら。

彼はその後も、ちょくちょくブルマンに通い、
1杯のコーヒーを深く味わいつづけました。
「俺はいま、一番したいことをしている」そう感じながら。

そんなある日、彼はその店で、
東京にいるはずの友人にばったり出会いました。
「明日東京に戻って、2日ほどでまたこっちに来なきゃいけないんだよ。今回、車で帰ってきたんだけど、良かったら東京まで一緒に行かない?」

ちょうど予定が合ったので、彼は東京に行き、たまたま東京でライブに行きました。
そこで、京都から来た女の子と仲良くなりました。
帰ってからも、その京都の女の子と連絡を取り合うようになり、
時々、深夜バスに乗って鳥取から京都に会いに行きました。
そんな日々を送る中で、切実に「車が欲しい!」と思った矢先、
JAに勤める友人が来て、こう言ったそうです。
「オレ、いま農協でローン担当してるんだけど、農協のローンで三菱パジェロ、利息メチャ安いで!」
これで無理なく、あっさりパジェロをゲット!

そして、彼女とデートを重ねるうちに、なんと結婚することになったのです。するとある日、彼女が言いました。

「私の叔父さん、横浜で輸入の仕事をやってるんだけど、
『叔父さんの仕事を手伝わないか?』　って言われてるの」

というわけで、
なんと彼はアメリカに行って彼女の叔父さんの仕事を手伝うことになり、現在、世界中を飛び回り仕事をしています。

結局この男性は、最初に言った、
いつかやりたいと思っていたことをすべてやっています。

さて、最後に問題です。
この男性が初めにしたことは、何だったでしょうか?

彼は、そのときに無理なくできる、
いま一番したいこととして、
コーヒーをゆっくり味わいつくしました。
「いま、一番したいことをしている」と、心から感じながら。

彼のやったことは、ただコーヒーを深く味わうことでしたが、
それは、「いま、一番したいことをしている」という時空を選んだことになるわけです。
その結果、願っていたことが、ほかにも次々に叶っていったのでした。

そうです。この本を読み、書き終えるいま、
あなたがいますぐやるべきことは、
いま、一番したいことをすることです。

わかる範囲でいい。
できないことはしなくていい。
無理なくできることの中で、
いま、一番したいことをすればいいんです。

「いま、一番したいことをしている」という意識で、
深く、深く、深く、その喜びを味わえばいい。
そのとき、新しい時空の扉がひらくのです。

一番やりたいことは何ですか？
一番ときめくことは何ですか？
無理なく、いますぐできることのなかで。
それを書き出して、
「ああ、いま、自分は一番ときめくことをやれている」
と味わいながら、やってみよう。

ラストミッション

最後に「ありがとう」を伝えたい人は誰ですか？その人へ「遺書」を書こう。

風邪を引き、会社を休み寝込んでいた日。
お昼を過ぎたあたりで、チャイムがなった。彼女だった。
同じ会社で働いていたので、僕が休んだのを知り、そのまま会社を早退してかけつけてくれた。
新宿の公園でキミは、「僕と結婚するのが夢」って言ってくれたよね。
でも、僕は当時25歳。仕事もまだまだ全然うまくいってなかったから、結婚する自信がなかった。
でも、早退してかけつけてくれたこの日、キミとなら結婚してもいいって思ったんだ。

あと2ヵ月で、結婚して17年になるね。
もうほとんど親と一緒に過ごした時間と同じになるけど、ふりかえればあっという間だった。
結婚して最初の3年間はキミ以外の人と会うのがイヤで、友だちからの誘いはみんな断ってた。

でも、4年目からその反動が出てきた。
このあたりから、ようやくお互いに、価値観がまったく違うふたりだったということに気づいたよね。僕が大切にすることをキミは大切にしないし、キミが大切にすることを僕は大切にしなかった。

それから5年間……。ぶつかり合い、お互いにお互いを変えようとケンカの日々になった。
「お風呂から出たら換気扇をつけてね。そしてバスタオルとマットを洗濯機に入れてスイッチを入れてね」
こんな単純なことを何年も言われつづけてきたけど、ずっとできない僕。
そのときは確かに覚えてるんだ。でも、何かに集中すると、すっかり忘れてしまうんだ。
何度も何度も言われて、でも、できない僕。いつもこんなささいなことから大きなケンカになっていった。なんでキミは、ささいなことばかり気にするんだろうって。
いつしか僕は離婚したいと思うようになった。
あとで聞いたら、キミもそうだったんだね。

次第に休日は、僕は家に帰らなくなった。
初めての子が生まれる直前だったのに……。
あのときはほんとうに心細い思いをさせてごめんね。

お互い、相手を変えようとたくさんケンカしたけど、
お互いにまったく変わらなかった。
そしてあきらめたんだよね。

僕らは相手を変えようとしなくなった。
「この人はこのままでいいんだ」って、相手の嫌なところをそのままゆるせるようになっていった。

先週のこと。
「洗濯が終わったらフタをあけておいて」と頼まれて、「うん。オッケー」と言いながら、やっぱり僕は忘れていて。キミが家に戻ってきて、フタがあいてない洗濯機を見て、「やっぱり」って笑ってたよね。

こんなこともあったよね。
打ち合わせにはいつもマイ水筒を持ち、そこにコーヒーを入れていく僕。
駅の改札を通ろうとした瞬間、家に水筒を忘れていることに気づいた。
家に電話をしてコーヒーをつくっておいてもらい、打ち合わせに遅れないように大至急家に戻る途中、向こうから走ってくる人が見えた。
わざわざ水筒をダッシュで持ってきてくれたキミ。
たかがコーヒー。忘れたっていいよね。普通は。
でも僕にとってはたかがコーヒーじゃないんだ。
本の打ち合わせのときはマイ水筒のコーヒーがなくては頭が回転しないって、キミに一度も話してないのに知っていたのかな。
僕は、いつもいつも本のことばかり考えていた。
おもしろい本をつくりたい。みんなをビックリさせる本をつくりたい。
みんなの心を明るくする本をつくりたい。そればっかり考えてきた。
休日も本を書き、またイベントがあったりで、夫らしいことはまったくできなかった。
僕の生涯は本に夢中だった。

そんな僕だったけど、共にいてくれてほんとうにありがとう。

初めての本、『3秒でハッピーになる名言セラピー』の見本ができたとき、僕はうれしくて、うれしくて、まっさきにキミに渡した。キミはパラパラとページをめくってこう言ったよね。
「なんかありがちじゃない?」
旦那の渾身のデビュー作を……。
でも、その発言にウケて、「おまえらしいなー」って笑い合えたよね。
昔だったら、大ゲンカだったと思うけど、あそこで一緒に笑い合えたのは、僕らふたりの歴史があったからこそだ。

あと半年で死ぬとしたら、最後にどんな本を書きたいか、考えてみたら、最後に書きたいのは、キミへのラブレターだった。
ほんとうに出会えてよかった。
僕が僕でいられたのは、キミのおかげです。
ありがとう。

ひすいこたろう

最後に「ありがとう」を伝えたい相手は誰ですか？
その人へ遺書を書こう。
書き終えたら声に出して読んでみよう。

さあ、すべて書き終えました。
いま、どんな気持ちですか？
心に浮かんだことを記しておきましょう。

いや～ がんばって書いたね。えらい！ えらい！ヒューヒュー♪
この本が、この宇宙で一冊しか存在しないスペシャルな本になったね。これまでの君のすべての過去に、そしてこれからのスペシャルな未来に、心から拍手を送ります。

まず、手始めに何から行動していきましょうか？
最初の一歩をここに記そう。
その一歩が、これまでここに記してきた、
なりたいあなたにつながっています。

Hi! Future!
さあ、めっちゃおもしろい未来を
迎えにいこう。

やってみよー

最後に、両手で自分を抱きしめながら、
声に出してこう伝えてあげよう。
「○○さん（自分の名前）、おめでとう！」

※　1年後、また新たにやってみてくださいね。夢も目標も日々成長して変わっていくものだから。
毎年お正月にこのノートに向き合うのもいいですね。仲間と一緒にワークするのもめっちゃオススメ！

さいごに

妻のお父さんは3年半、病気で入院していました。
その間、かみさんは1日も欠かさず毎日看病にかけつけていました。
残念ながら2013年9月27日に亡くなったのですが、
そのとき、かみさんはふと、ひとりごとのように
「なんで今日だったんだろう……」とつぶやきました。
「もう危ない」、お医者さんにそう言われてから、3年半もがんばったお父さん。3年半がんばって、なぜ亡くなる日を今日に選んだんだろうと。
すると、それを聞いていた当時、小学5年生だった息子はこう言ったのです。

「今日は晴れたからだよ」

あとで息子に「人は晴れた日に亡くなるってテレビか何かで見たの?」って聞いたら「とおちゃんの本だよ」と言うのです。
僕はそんなことを書いた記憶がないから、なにか息子が勘違いしてるのだろうと思っていました。

でも、それはほんとうに僕の本でした。
『あした死ぬかもよ?』の最後に書いた一文。

「人生最後の日、あなたの心はきっと晴れている」。

僕は、「心が晴れている」と書いたんだけど、息子は、亡くなる日は「天気が晴れている」と勘違いしたようです。でも、そんなことを真顔で言ってくれた息子の言葉がとてもうれしかった。
「人生最後の日、あなたの心は晴れわたっている」。
そう思いながら、このノートをつくらせてもらいました。

死が不幸ではないんです。
生きていることが奇跡なんです。
あなたの命に、おめでとう!

ひすいこたろうでした。

Universe thank you
▲▲▲アリガ島▲▲▲

宣言書

二度とない人生を、
私は私を、もっと楽しみます！

名前

購入者限定特典

この本のために「新たな書き下ろし質問＆解説」PDF特典をご用意しました。右のコードよりダウンロードしてご活用ください。

URL　https://d21.co.jp/special/noregretnote/
ユーザー名 discover3012　　パスワード noregretnote

Special Thanks
ミッチエルあやか (Hisui Brain)　PurinDECICA (Art)

あした死んでも後悔しないためのノート Special

発行日　2020年11月30日　第1刷
　　　　2024年 1 月26日　第3刷

Author	ひすいこたろう
Illustrator	たつみなつこ
Book Designer	永松大剛
Publication	株式会社ディスカヴァー・トゥエンティワン 〒102-0093　東京都千代田区平河町 2-16-1 平河町森タワー 11F TEL　03-3237-8321（代表）　03-3237-8345（営業） FAX　03-3237-8323 https://d21.co.jp/
Publisher	谷口奈緒美
Editor	大山聡子
Proofreader & DTP	株式会社 T&K
Printing	日経印刷株式会社

ISBN978-4-7993-3012-8
「ASHITASHINDEMOKOUKAISHINAITAMENO」NOTE

人生最後の日、あなたの心はきっと晴れている。